Ulrich Selich

Januargedichte 2023

Collagen Barbara Maria Althoff

Bibliografische Information der Deutschen Nationalbibliothek:
Die Deutsche Nationalbibliothek verzeichnet diese Publikation
in der Deutschen Nationalbibliografie; detaillierte
bibliografische Daten sind im Internet über dnb.dnb.de
abrufbar.

Lektorat: Ralf Wynen

Verlag: BoD · Books on Demand GmbH, In de Tarpen 42, 22848
Norderstedt

Druck: Libri Plureos GmbH, Friedensallee 273, 22763 Hamburg

ISBN: 978-3-7578-2991-9

1.

Auf dem Fenstersims liegt noch ein Rest des Tages
bricht die Nacht herein holt sie ihn ab
wie ein hungriger Vogel die Krumen
eines Mahls

Vor Einbruch der Dunkelheit ragen die Gipfel
der Wolkenberge ins All unter denen
eine Seelandschaft aus Licht
als Gruß erglüht

Mein Herz hat sich von vielem verabschiedet
und hält an vielem weiter fest und hofft
dass davon Wesentliches bleibt
und nicht am Ende nichts

Die Zyklen von Tag und Nacht wären sich selbst
überlassen
wäre dieser Sims nicht ihre Bühne
und würden meine Augen nicht
hungern nach ihrem Spiel

2.

Was stellt es dar
was wir hier machen
folgt es einem Plan
hat es Sinn

Wenn mich anspricht
was ich sehe bin ich
von den Fragen frei
und ganz Auge

Nach hallt vom Schönen
was durchscheint nenn es
Wahrheit oder Statement
zum Sein und das jetzt

3.

Ich konvertiere Zeit in Zeilen
und alles was in ihr sich sammelt
Treibgut aus Herkunft Zufall
Freude und Schmerz
das Schöne und das Hässliche
in meiner Gegenwart wie sie sich zeigt

Da steht ein alkoholkranker Mann
auf einem Platz und jeder grüßt
ihn wie einen Freund den man
vermisst hat weil er von einer
Reise in eine unbekannte Fremde
lange nicht zurückkam

Und am überfluteten Ufer
des Rheins in dem auch Bäume treiben
wird ein Fernweh wach
für das keine Brücke reichte
nach einem Garten in dem ich
mit dem Vater Äpfel pflückte

4.

Es ist dieses eine Nu
das dich sehen lässt
während du am Tisch sitzt
in Gedanken gefangen

Du hebst den Blick
und Welt ist da rundum
Gesichter und Gesten
und alles spricht zu dir

Im Café hier ist auch Freiheit
hat viele Stimmen
das Leben ist Aroma
blüht in allen Sinnen

5.

Der Winter hat die Stadt verlassen
Nässe ist überall und die Vögel
hören sich an wie Boten die frei
von Zweifeln von Frühling singen

In den Wipfeln klingt der Wind
nach langen Nächten und Dämmerung
und die Möwen wirbeln wie Flocken
hinunter auf das angeschwollene Grau

All das atmet Hoffnung auf Frieden
der frei ist von Väterchen Frosts Launen
auf Aussaat und Ernte ein Fest
also des Lebens und Neubeginn

6.

Weg ist es
und war eben noch da
ein Wort wie Mutabor
und sosehr ich mich mühe
es ist wie entwichen
aus der Liste gestrichen

Ich geb's auf
will's nicht mehr wissen
ist mir egal und drauf geschissen
doch da kommt es um die Ecke gebogen
lüpft den Hut und kniept mir zu
und ist – wie schön – ein Du

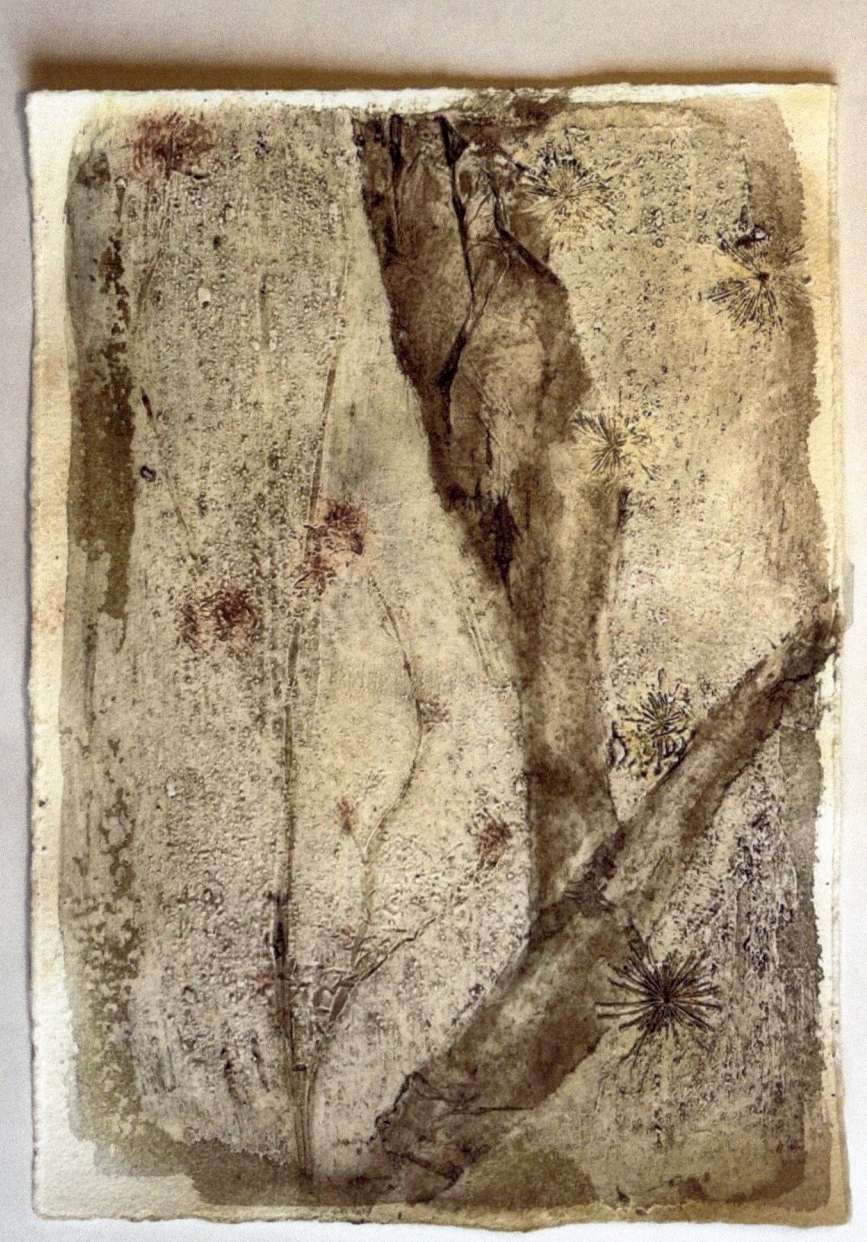

7.

Etwas wiegt mich in den Schlaf
könnte der Klang der Saiten sein
der vom Sommer herüberweht
unhörbar fast und doch da

Und mit ihm spüre ich
auf der Haut die Sonne
und einen Wind der duftet
nach Erde Blüten und Frucht

All das bestäubt meine Träume
vom nächsten festlichen Stück
käme mit ihm doch endlich
auch die Zuversicht zurück

8.

Auf dem Platz der Sterne
dreh ich mich dreimal im Kreis
und nehme dann die Straße
vorbei am Eisenbahngleis

An der Kreuzung zu den vier Winden
werfe ich ein Blatt hoch in die Luft
folge ihm neugierig und heiter
alles ist erfüllt vom Januarduft

Auf dem Berg Horeb sind Wasser und Licht
was geschrieben steht ist so verheißungsvoll
da werde ich die Nacht über bleiben möcht
so gern erfahren wie's weitergehen soll

9.

Vieles das sich wandelt
wirkt auch wie eine Mahnung
ein Memento mori mit dem Trost
dass nichts zum Nichts wird

Egal was der Mensch macht es
mündet in Veränderung und Wandel
und wer Dauer anstrebt hofft
auf einen Aufschub vom Zerfall

Trutzburgen werden zu Ruinen
zu Torsi Skulpturen von Helden
und kommt dann ein Dichter
beginnen Staub und Silben zu tanzen

10.

Ich borge mir eine größere Anzahl
Wörter und spiele mit ihnen
absichtslos wie ein Kind das mit allem
das es für nutzbar hält zu bauen beginnt

Da entsteht eine Welt mit Horizonten
aus Phantasie und ein Weg ist erst
mal so gut wie der andere entscheidend ist
welchen ich dann letztendlich gehe

Die Grammatik ist keine Alchemie
die Semantik kein Buch mit sieben Siegeln
gelungene Sätze helfen klarer zu sehen
besonders auch was in ihnen widerspricht

11.

Bist auf der Suche nach den richtigen
Worten die du brauchst
um die Bühne zu bestücken
für das Spiel von ich und du

In den Nomen sind Zeiten verborgen
wie deine Ahnen in allem was du bist
in den Verben findest du Kräfte die dir
helfen Haus und Garten zu errichten

Es sind wenn zwei sich begegnen
ganze Welten zugegen
ein Ich spricht von Liebe
das andere von eigenen Wegen

12.

Hinter schweren Vorhängen
tagt die geschlossene Gesellschaft
berät über den Wasserstand
der unaufhaltsam fällt

Da ist bereits der Boden zur Insel
bereitet ließe sich trockenen Fußes
überqueren vorbei an gestrandeten Fischen
und Ungeheuern die Erbarmen erregen

Was können wir noch tun
ist eine der erörterten Fragen
eine andere wann ist der Landweg
nach Alexandria frei

Flösse die Zeit so
ähnlich erbarmungslos ab
hätten wir bald wieder Zugang
zur großen Bibliothek

Langsam verstummen die Dispute
ein Hauch bauscht den gesäumten Filz
der Zeitgeist hält kurz inne
und Atem erfüllt den Kreis

13.

Wie sie wohl aussehen die Seelen
sind sie nackt oder herrlich gekleidet
gezeichnet von allem was einer tat
oder frei von den Wunden und Narben

Würde ich meine eigene Seele erkennen
wenn ich sie sähe und wäre dann erfreut
oder würde ich fürchterlich erschrecken
über die Nähe und was ich da sehe

Wir sind uns verbunden wie Körper
und Schatten den das Licht hervorholt
doch anders als sie sind wir eins
in der Zweiheit aus zeitlos und sterblich

Mit Engeln vergleichbar und Mittler
wie diese zwischen Himmel und Erde
in den raren Momenten in denen Schönheit
die Gegenwart durchlässig macht

14.

Jedes Licht hat seine Eigenart
auch im Verhältnis zu den Dingen
denen es huldigt gefiltert durch Grau
die luftige Aura der Wolken

Am Anfang ist das und eine Ahnung
in der Bilder reifen wie Früchte
die zu ernten nicht verboten ist
denn was kommt ist Gabe

Wenn das Licht dann gleißend wird
und jedes Ding klar konturiert
zeigt sich das auf den Äckern
und darüber hinaus

15.

Das Leben
Mensch
was soll werden

Wenn eine Strophe abbricht
lange vor dem letzten Wort
ist das ein Schock

Es ist als hätte die Flora
verlernt zu wachsen und
der Winter bliebe für immer

Dann macht sich ein Wort bemerkbar
zieht andere mit und bald schon
ist es eine Hymne aufs Sein

Das Leben liebt den Neuanfang
vertraut der Poesie
kein Ende bleibt

16.

In meinem Vorgarten steht eine Rose
trist wirkt sie jetzt im Januar
blattlos zeigt sie ihre Dornen
was von Blüten blieb ist bleich

Käme ich von fern hierher zurück
würde sie mich so schlicht begrüßen
mit allem was sie heute zu bieten hat
Freude erfüllte mich weit vor dem Frühling

17.

Mir ist als hörte ich eine Laute
mit ihrem eigenen Klang der Bilder
hervorruft von höfischem Getue
und verfeinerter Intriganz

Der Kontrast ist gewaltig als ich
über die Neusser Straße gehe
und viele Menschen geschäftig eilen
während andere gesellig in Cafés verweilen

Das was uns assoziieren lässt
liebt die Inszenierung den Sprung
in medias res und weit hinweg
über Grenzen von Raum und von Zeit

Der Geruch von Gegrilltem trägt mich
über den Atlantik bis nach Toronto
wo wir uns in der neighborhood
bei Immigranten Fleischspieße kauften

Köstlich ist diese Wendigkeit
lauert zum Spaß hinter jeder Sekunde
in der ich frei bin für das Erinnern
diese Ader aus Gold

18.

Ich achte darauf was anders ist
und werde mir des Fingerabdrucks
bewusst den jeder Winter hat
wie mein Denken in jedem Jahr

Da ist ein Reichtum an Variation
in all der Wiederholung
der mich wieder mal überrascht
dabei liegt er doch allem zugrunde

Wo zeigt der Frost sich in der Stadt
in welchen Bildern mein Januargefühl
sind die Wörter in Bewegung
oder Wächter vor einem Durchlass

19.

Ich sitze am Ufer
und schau den Flocken zu
die herabschweben in einem dichten Wirbel
aufs drängende jagende Grau

Meine Sinne sind ihnen gleich
ganz Ruhe und Gleichklang
in den Adern dagegen spüre ich
den gewaltigen Strom

20.

An diesem Morgen merkst du schnell
dass dieser Tag besonders ist denn
er hat einen eigenen Klang als habe
in der Nacht Schnee alles bedeckt

Du fühlst dich wieder wie ein Kind
das aufwacht und aufsteht mit Freude
und dem sicheren Gefühl dass heute
etwas geschieht das vor allem dich meint

Dabei ist nichts geplant und du beginnst
den Tag wie andere mit Brot und Tee
überfliegst die Zeitung nur während
das Radio Robert Schumann spielt

Beim Spaziergang durch dein Viertel
hallt dies alles noch nach und im Café
nimmst du ein Buch aus deiner Tasche
das in einem Bücherschrank stand

Es ist ein Roman aus dem alten China
und wie du im Internet liest eines von vier
klassischen Werken des Landes und bis heute
populär etwa in Netflix und Gaming

So finden immer wieder Texte zu dir
aus fernen Regionen und vergangenen Zeiten
und lassen ohne Reise deine Welt sich weiten
mit Geschichten die uns bis heute erreichen

Wu Ch'eng-én: Der rebellische Affe. Die Reise nach dem Westen. Rororo 1961

21.

Ich drehe den Stein herum
und finde keine Geister
und auf der Reise ins Ich
begegne ich keiner Magie

Elfen haben noch keinen
meiner Wege gekreuzt
und kein Zauberpulver
hat mich jemals verhext

Mit Abrakadabra lässt sich
nichts heilen und ein
Nichts bleibt dem der
immerzu Formeln schürft

Es ist nicht viel was
wir haben aber mehr
als Kinderglaube ist es
wenn wir wollen allemal

22.

Ich betrete ein gut besuchtes Café
in dem an den Tischen Menschen sitzen
die sich unterhalten jeder auf seine Art und
festtäglich empfängt mich dieser Chor

Ich nehme Platz auf einem Sessel
fühl mich behaglich fast wie daheim
als wir noch gemeinsam Feste feierten
deren Wärme ich bis heute spüre

Aus meinem Rucksack hole ich ein Buch
das mich schon lange begleitet und ich
lese die vertrauten Worte von William Butler Yeats:
I will arise and go now, and go to Innisfree …

Da entfaltet sich was meine Jugend stark
prägte und es ist mir bis heute geblieben
als Traum von einer besseren Zeit doch
nun ergänzt um den von der Geselligkeit

deren Seite ans Ufer steigen. Er wandte sich um,
und sah zum gegenüberliegenden Ufer zurück. Da
sah er zwei Wölfe stehen, die ihm mit funkelnden
Augen nachstarrten.

23.

Steckst du dein Haar hoch mit einer Spange
und deiner berühmten Lässigkeit
berührt das doch nicht nur mein Herz
und ich bemüh mich ein wenig bange
mit Stift Papier und Ergebenheit
dir zu huldigen und das ohne Scherz

Hebst du nur deine vertraut schmale Hand
um die Haare in einem Knoten zu binden
spüre ich sie ganz real auf der Haut
Sonnenwärme auf feinem Sand
beglückend wie Duft von blühenden Linden
ein Himmel der plötzlich über uns blaut

24.

Als Kolumbus zu seiner Zeit die Segel setzte
war die Welt so schien es noch verlässlich gegliedert
alles war für alle an seinem richtigen Platz
wer's anders sah wurde geteert und gefedert

Dass die Erde eine Scheibe sei
war damals noch lang keine Lüge
es fehlte die Erfahrung für den klareren Blick
von der aber haben wir heut zur Genüge

Es braucht keinen mutigen Entdecker mehr
um zu sehen dass wir auf einer Kugel leben
doch mancher erträgt die validierte Sicht nicht
möchte lieber an Märchenstoffen weben

25.

Im dunkelsten Wortinnern
leuchtet noch ein Vokal
der das Harte umstößlich macht

Im Tod etwa ist
Verwunderung und im Schmerz
behauptet sich das Sein

Das Ah im Wahn
ist die weite Heide
in der Lear sich sucht

Und die Wut weiß
Linderung zu finden in einem
aufmerksamen Du

26.

Dürftig ist was ich hier tu
kein Tautropfen wird diesen Grashalm
je zum Glitzern bringen
und über dieser Straße wird nie
der Lärm von Motoren aufsteigen
in diesen Himmel der sich begnügen
muss mit nur zwei Dimensionen

Wären da nicht das Gedächtnis
und der Entwurf und der Zufall
eingeschrieben der Sprache wie ein Code
die sie zu einer Quelle machen
die nie versiegt solange es Sprecher gibt
und so stehe ich an einem Wegesrand
und berühre das All mit meiner Hand

27.

Wir trotten
auf ausgetretenen Pfaden
und sprechen
abgestandene Worte

Das Benennen der Welt
ist schon nicht mehr wahr
solange ist es her
eine verblasste Anfangsmär

Rhapsodien reimen Maschinen
für die ist Schmerz
nur Schrift und Tod
hat keinen Stachel

Hier finden wir
kein Zuhause mehr
und kein Herz das uns
zum Singen bringt

28.

Wie ein Souvenir brachte ich einmal ich war 18
den Namen Edward Elgar mit mir nach Hause
im Zug nach Ostende hörte ich ihn zum ersten Mal

Schon als ich die Tür zum fast leeren Abteil aufmachte
war ich fasziniert von dem Mann der da saß im weißen
Hemd mit schmutzigem Kragen und Noten in der Hand

Ein Brite durch und durch und musikbegeistert
und ganz besonders von der Klassik unserer Zeit
von der seine Insel so viel vorzuweisen habe

Er kaufe obwohl er kein guter Musiker sei Noten
um die Musik zu lesen und auch das sei ihm wichtig
als Anerkennung für die Arbeit der Verlage

Von Brittens Cellosuite Nummer eins erzählte ich ihm
die LP Rostropowitsch ist darauf zu hören lieh mir
Norbert
und der Mann nickte anerkennend froh über das
Gespräch

Edward Elgar however sei der Komponist in seinem
Land
den er am meisten schätze aber er finde dass er dort
wie auf dem Kontinent noch nicht genug gewürdigt
werde

Gleich nach der Reise ging ich zu einem Plattengeschäft
und fand dort Elgars Cellokonzert in e-Moll das mich
heute
in der Musikhochschule live gespielt wieder in jene Zeit
versetzte

29.

Meine Trauer ist wie der Mond
der sich am helllichten Tag zeigt
aus der Zeit gefallen als wenn
diese Erwartungen erfüllte

Sie steigt wie Nebel aus den
Wäldern der Eifel und über
den schneeigen Wiesen die jenseits liegen
wie unbeschriebenes Papier

Diese Bühne die von Gefühlen nichts
weiß wird zum Spiegel wenn ich sie
betrete und die Topographie der Tag
und der Himmel zu antworten beginnen

Wie da was mich bewegt so aufgeht
als sei es ein Gestirn bringt mich
zum Denken über die Anfänge der Sprache
als in ihr alles zum Greifen so nahe noch schien

30.

Wir sind Schneekristalle zerstiebende
Tropfen über einem ausgedorrten Feld
Lichtreflexe in einem Schauer und
Wolkenbilder kurz vor dem Sturm

Der Reichtum ist unermesslich
wie jede Variation ohne Dauer
und ein Zeugnis des Schönen
von dem in allem etwas immer glüht

Sie ist uns ohne Verdienst gegeben
durch sie selbst wird erst mal nichts gut
dazu braucht es die Erkenntnis dass du
anders bist aber ohne Frage schön wie ich

31.

Dies ist wie die meisten Enden
ganz unspektakulär im Alltäglichen
offen für Resümee wie Neuanfang
ein Aschermittwoch ganz eigener Art

Der Morgen danach hallt wider
von Erregungen aller Art und
in den Adern fließt gewaschenes Blut
und Freude ist wie Reif am Morgen

Angst und Mut mischen sich hinein
wie immer wenn Vertrautes endet
und etwas noch Unbekanntes beginnt
und ich erlebe das erschöpft und allein

Der Alltag hat nun meine Aufmerksamkeit
ich sehe ihn wieder so wie niemals zuvor
und suche meinen Platz im veränderten Personal
wo ich davon erzähle was bis hierher war